LETTRE

SUR

LES NÈGRES.

AVIS.

Je me hâte de prévenir mes lecteurs, que je ne
plaide dans ce petit ouvrage, ni pour, ni contre la
traite; ni pour, ni contre l'esclavage. On pourra, d'a-
près ma qualité de colon, peut-être, me supposer
des sentimens qui ne sont pas les miens, ou des opinions que je n'ai pas émises; qu'importe? Je ne suis
responsable que de ce que j'avance formellement; et
quels que soient mes principes à cet égard, ce n'est
pas ici que j'ai voulu les faire connaître; j'ai voulu,
par un exemple éclatant, constater le genre de sincérité qu'on porte aujourd'hui dans de pareilles causes; j'ai voulu surtout signaler les moyens dont des
hommes estimables, d'ailleurs, se servent pour les
plaider.

LETTRE

A

M. J.-C.-L. SISMONDE DE SISMONDI,

SUR LES NÈGRES,

LA CIVILISATION DE L'AFRIQUE, CHRISTOPHE
ET LE COMTE DE LIMONADE;

Vexatus toties, nunquamque reponam ?

PAR M. MAZÈRES.

A PARIS,

Chez RENARD, Libraire, rue Caumartin, n°. 12;
Et chez les Marchands de Nouveautés.

1815.

LETTRE

A M. J.-C.-L. SISMONDE DE SISMONDI.

Je ne vous connaissais, Monsieur, que par vos titres littéraires, et l'historien des républiques du moyen âge et des littératures du midi était, à mes yeux, un homme très-distingué dans la littérature française. Une brochure de vous, intitulée : *Nouvelles Réflexions sur la Traite des Nègres*, m'apprend que, presque entièrement livré aujourd'hui à la cause des Africains, tout ce que vous pourrez trouver en vous de forces, sera consacré désormais « *à la noble cause dont vous vous êtes chargé* ».

Comme le premier paragraphe de cet ouvrage contient, à cet égard, une espèce de profession de foi sur les articles de laquelle j'aurai quelquefois à revenir dans la discussion que je me propose d'avoir avec vous, je vais, avant tout, le rapporter ici en grande partie.

« . . . .

» . . . . Je désire avec trop d'ardeur
» prévenir les calamités sans nombre que je pré-

» vois ; sauver à Saint-Domingue de nouveaux
» massacres ; au continent de l'Afrique de nou-
» velles scènes de brigandage et de crimes ; aux
» braves armées françaises une campagne néces-
» sairement désastreuse ; aux colons mêmes une
» nouvelle ruine, et à leurs imprudens créanciers,
» la perte du reste de leurs capitaux, pour ne pas
» m'engager dans la discussion autant de fois qu'elle
» se renouvelle, lever toutes les objections, répli-
» quer aux réfutations, et consacrer enfin tout ce
» que je puis trouver en moi de forces, à la noble
» cause dont je me suis chargé. . . . . . .
» . . . . Si j'avais moyen de répondre,
» si l'opinion qui flotte encore pouvait, par une
» impulsion nouvelle, être entraînée vers le parti
» de l'humanité, je serais responsable de mon si-
» lence ; car je n'aurais pas employé tous les
» moyens qui sont en mon pouvoir, et jusqu'à
» mes derniers efforts, pour prévenir un grand
» malheur et l'accomplissement d'un grand crime ;
» je me rendrais ainsi, à mon tour, coupable du
» sang qui se verserait ».

Il faut en convenir, votre entreprise est vaste :
il ne s'agit pas moins que d'influer à la fois sur trois
parties du monde ; et vous avez, Monsieur, une
bien haute idée de la puissance d'une brochure, si
vous espérez obtenir de si grands résultats de la
vôtre. Archimède ne demandait qu'un point d'ap-

pui pour soulever le monde physique, comme
vous vous proposez de soulever une partie du
monde moral. Je sais bien qu'un talent comme le
vôtre est un levier puissant, je sais qu'il peut attein-
dre aux extrémités de l'univers ; à vous dire vrai,
cependant je ne vois pas où vous placerez votre
point d'appui. Les têtes françaises que vous avez à
faire mouvoir et à diriger d'après vos vues, toutes
légères qu'on les dit, et peut-être par cela même
qu'elles sont légères, ne viendront pas s'offrir en
masse à l'action de votre levier aussi unanimement
que vous l'espérez. Qu'importe, sans doute ? la
gloire de l'entreprise vous restera toujours, et votre
âme philantropique, navrée sûrement de tant d'in-
gratitude ou de tant d'indifférence, n'aura, pour
s'en consoler, qu'à se replier sur elle-même. La
philantropie est un véritable culte ; et quel est le
culte, pour peu qu'il ne soit pas insensé, qui ne
place pas dans la conscience de ses desservans, un
dédommagement assuré contre l'injustice des
hommes ?

Je n'aspire point à de si hautes destinées. Je ne
me crois pas responsable de mon silence envers
trois parties du monde : si je le romps, c'est
parce que j'ai à me plaindre de vous, et que d'un
autre côté, je me crois assez fort, malgré tous vos
titres littéraires, pour combattre vos erreurs et vos
injustices, tant elles sont évidentes. Oui, Monsieur,

j'ai à me plaindre de vous comme colon et comme défenseur d'une opinion dont, à vous entendre, je devrais rougir, quoique des hommes de génie n'en aient pas rougi. « *Les colons*, dites-» vous, *refusent aux noirs le nom d'hommes ;* » leurs ouvrages ne soutiennent pas la comparai-» son avec cette race esclave, qu'ils *croient infé-* » *rieure à celle de leurs chevaux* ».

Il ne s'agit pas ici de talent, ce n'est pas là du moins le sujet de mes plaintes; mais il me semble que voilà deux injures, et qui plus est, deux calomnies. Je ne sache pas en effet qu'aucun de nous ait jamais soutenu de pareilles absurdités : nous sommes malheureux depuis long-temps, mais nous ne sommes pas en démence.

Un colon, dont je ne connais ni le nom ni l'ouvrage, a disserté, il est vrai, sur les nègres, et les a déclarés inférieurs aux blancs; vous en prenez occasion de nous accuser tous, et de dire : « Les » colons ne *rougissent* pas d'imprimer que les » nègres sont une espèce particulière, inférieure » à celle des blancs ». Pourquoi donc rougiraient-ils d'imprimer ce qu'ont imprimé, les uns bien formellement, les autres implicitement, des hommes du premier mérite, comme je vous le prouverai tout à l'heure ?

J'honore les principes que vous professez; comment se fait-il cependant que tous ceux qui s'en dé-

clarent les avocats et les missionnaires, ne les défen-
dent presque toujours que par des moyens répréhen-
sibles ? car, permettez-moi de vous dire, en pas-
sant, que, pour me combattre sans doute avec plus
d'avantage, on m'a déjà prêté une absurdité dont
j'aurais honte en effet si j'en étais coupable, mais
dont heureusement je suis innocent. J'avais imprimé ceci :

« Le nègre est un grand enfant, borné, léger,
» mobile, inconsidéré, ne sentant avec force ni
» le plaisir, ni la douleur ; sans prévoyance, sans
» ressort dans l'esprit ni dans l'*âme*. . . . . .
» . . . . . . Insouciant comme tous les êtres
» paresseux, le repos, le chant, les femmes et la
» parure, composent le cercle étroit de ses goûts ;
» je ne dis pas de ses affections, car les affections
» proprement dites sont trop fortes pour une *âme*
» aussi molle, aussi peu réactive que la sienne ».

Eh bien, Monsieur, un journaliste plein de
goût, de politesse, et même d'indulgence, mais
défenseur prévenu de cette cause, ne m'en accuse
pas moins d'avoir soutenu que les nègres n'avaient
point d'*âme* ; prenant texte ensuite de ce qu'ils sont
restés fidèles au souvenir du roi, il ajoute : « C'est
» au moins une preuve qu'ils ont une âme ; et avec
» autant d'esprit et de raison, il n'est pas permis de
» le mettre en doute ».

Le compliment serait flatteur, s'il pouvait y

avoir du mérite à broder plus ou moins spirituel-
lement une absurdité; et si, en pareil cas, d'ailleurs,
l'esprit et la raison pouvaient marcher ensemble :
où est donc ici la bonne foi? Est-ce donc refuser
aux noirs le titre d'homme, est-ce les déclarer
inférieurs aux chevaux, que de les déclarer inférieurs aux blancs? La question, si je ne me
trompe, mérite d'être discutée; je la discuterai
donc; et comme je ne veux pas émettre, à votre
exemple, des opinions tranchantes, sans les accom-
pagner de preuves, j'aurai recours, je le répète, à
des autorités que vous ne récuserez certainement
pas. J'entre dans la discussion.

Considéré sous le rapport matériel, le nègre
diffère bien évidemment du blanc. N'en différât-il
que par les cheveux et par la peau, la différence
serait déjà très-grande : il ne faut que des yeux
pour s'en convaincre. Avec les mêmes sens, avec
les mêmes organes, et une configuration à peu
près semblable, ses traits, examinés en détail,
offrent pourtant des différences essentielles. Une
figure sans expression, des formes sans grâce et
sans harmonie, des mains décharnées et calleuses,
un œil parsemé de filamens sanguins qui lui donnent une teinte rosée; voilà, ce me semble, dans
le nègre, des traits évidemment distincts et qui
semblent caractériser en lui, une espèce particulière. Il y a, si on le veut, entre les deux espèces

une grande affinité; mais il n'y a bien certainement pas d'identité, je vous défie de le nier.

Abstraction une fois faite de son intelligence, l'homme est, comme on le sait, un véritable animal; on peut donc le juger par analogie. D'après les mêmes données que les animaux : il existe parmi ceux-ci des espèces plus belles que les autres; il peut conséquemment y avoir dans les hommes des espèces plus ou moins belles; or, d'après les idées de beauté communes à tous les peuples civilisés, les nègres sont inférieurs aux blancs. Je ne vois pas pourquoi j'aurais à rougir d'une pareille opinion, je ne vois pas surtout ce qu'elle aurait d'injurieux pour eux, puisqu'ils sont également, comme nous, l'ouvrage du créateur.

Une fois justifié sur ce point, je vais plus loin et je demande : Qu'y aurait-il donc d'étonnant que le nègre qui a des traits moins purs que nous eût une intelligence plus bornée? si l'on remarque une si grande différence d'individu à individu, pourquoi n'en existerait-il pas de race à race, en dépit de quelques traits communs qui semblent n'en faire qu'une seule ? Des philosophes ont avancé qu'il y avait souvent moins loin de tel homme à telle brute, que de tel homme à tel homme : votre compatriote Jean-Jacques semble être de cet avis. Or, si cette prodigieuse inégalité se fait sentir dans les individus d'une même race, rien n'empêche de croire et d'imprimer, sans en rougir, qu'il en existe une plus ou moins grande, de race à race.

Oui, Monsieur, vous aurez beau trancher la question au lieu de la discuter, l'inégalité n'en sera pas moins réelle; cela vous sera démontré tout à l'heure par des faits et des autorités irrécusables.

Plus on considère la nature dans ses procédés, plus on retrouve, dans ses œuvres, ces harmonies et ces consonnances sur lesquelles Bernardin de Saint-Pierre a fait un livre charmant; ainsi quand les faits ne prouveraient pas que les formes extérieures des nègres correspondent avec leur intelligence, on pourrait peut-être l'affirmer par analogie. La nature, Monsieur, n'a pas fait pour vos cliens, une exception à ses lois éternelles : tout autorise à croire que, fidèle à la loi des harmonies, évidemment sensible dans tous ses ouvrages, elle ne l'a pas violée en leur faveur; et il y a sans doute une analogie mystérieuse entre des formes grossières et une intelligence bornée. Lors même que le nègre serait sorti des mains du créateur aussi heureusement doté que le blanc, on peut très-bien supposer que le climat ou les causes, quelles qu'elles soient, dont il tient aujourd'hui des traits moins purs que les nôtres, ne les ont pas détériorés sans agir aussi sur son intelligence.

Les colons, en réclamant pour les Européens l'évidente préférence que leur accorde la nature sur les nègres, ne refusent pas à ceux-ci le nom d'hommes. Ils savent que, quoiqu'il n'y ait qu'un pas de l'homme à la bête, ce pas, comme le dit très-bien M. de Buffon, renferme l'infini, tant l'intelligence humaine, même la plus bornée, est supérieure à l'instinct, tant la raison sous l'influence même des causes qui l'affaiblissent ou l'oblitèrent, annonce encore ce rayon de divinité dont toutes les races d'hommes, blanches, noires, jaunes ou cuivrées, brillent plus ou moins inégalement.

Mais si les castors sont plus intelligens que les ânes, s'il y a des races de chiens différentes en intelligence, il doit nécessairement y avoir des espèces d'hommes inférieures aux autres ; et l'inégalité s'annonce presque toujours par des signes extérieurs. L'animal qui a de belles formes, dont la tête s'élève vers le ciel, a ordinairement des inclinations plus généreuses, plus de force et plus d'intelligence; voyez le cheval : à la grâce, à la souplesse de ses mouvemens, à sa noble attitude surtout, on reconnaît une nature supérieure à celle de l'âne. Cette loi des consonnances a passé de la nature dans les arts, elle en est devenue une des conditions fondamentales, et règne dans la poésie comme dans la peinture. Que diriez-vous d'un peintre ou d'un statuaire qui donnerait à Thersite les traits de l'Apollon du Belvédère ? c'est dans l'espèce humaine surtout que ces indications sont décisives;

elles le sont à tel point que le peuple y a puisé des proverbes, le poëte des métaphores et des images. Virgile, pour caractériser une divinité, dit admirablement *incessu patuit dea.* Le peuple pour caractériser un fripon, dit, *il a une mine patibulaire ;* tant il est vrai qu'il y a presque toujours dans notre extérieur quelque chose d'harmonique avec nos facultés intellectuelles, avec nos inclinations et nos penchans, avec nos vices et nos vertus!

Voulez-vous des autorités à l'appui de mon opinion sur l'infériorité des nègres? en thèse générale, Fontenelle vous dira : que les habitans des pays très-chauds et très-froids sont incapables des opérations un peu relevées de l'esprit. L'abbé Dubos, dans ses Réflexions sur la peinture et la poésie, vous expliquera et vous prouvera la vérité de cette assertion. Montesquieu vous dira textuellement : « La » chaleur du climat peut être si excessive que le » corps y sera absolument sans force; pour lors » l'abattement passera à l'esprit même. Aucune » curiosité, aucune noble entreprise, aucun sen- » timent généreux ; les inclinations seront pas- » sives..... Les châtimens y seront moins difficiles » à soutenir que l'action de l'âme; et la servitude » moins insupportable que la force d'esprit qui est » nécessaire pour se conduire soi-même ».

En voulez-vous une preuve en sens inverse? entendez encore cet homme de génie : « On a donc

» plus de vigueur dans les climats froids..... cette
» force plus grande doit produire bien des effets,
» plus de courage, moins de désir de vengeance,
» plus de franchise ; enfin cela doit faire des ca-
» ractères bien différens ».

Il me semble, Monsieur, que Montesquieu justifie suffisamment par cette théorie le colon coupable, avec moi, d'avoir imprimé que le nègre était inférieur au blanc. Car enfin, si l'une des deux races n'a pas été originairement créée inférieure à l'autre, elle a dû le devenir et dégénérer du moins par les effets du climat. Les faits d'ailleurs confirment toutes ces observations théoriques. Les peuples de la zone torride, en ardeur, en force et en puissance, le cèdent tous aux peuples des zones tempérées ; la fibre des premiers, relâchée par le bain de sueur qui les détrempe sans cesse, les rend mous, flasques, efféminés, amis du repos, et leur fait un véritable tourment de toute contention d'esprit. Voyez les nègres ; tous leurs mouvemens sont des efforts. Un portefaix d'Europe soulève des fardeaux que deux noirs soulèveraient à peine.

Ici je m'arrête pour demander si ce qu'ont avancé les colons, n'est pas lumineusement expliqué et entièrement justifié par l'auteur de l'Esprit des lois ! ils ont dit que le nègre était inférieur au blanc. Eh bien ! ce grand homme en est lui-

même convenu : et voici comment il en déve-
loppe la cause. Le nègre lui est inférieur, parce que
la chaleur excessive abat son corps, parce que l'a-
battement de son corps a passé à son esprit, parce qu'un esprit ainsi abattu n'a aucune curiosité,
aucun sentiment généreux, et que des inclinations
passives ne le portent à aucune noble entreprise.
Cette théorie est - elle fausse ? nous ne sommes
pas plus coupables que lui. Si au contraire elle
est vraie, si l'action de l'âme est une fatigue pour
un esprit abattu, si la servitude lui est moins insupportable que l'action de l'âme nécessaire pour
s'y soustraire, nous n'avons pas même été, en
parlant du nègre, si loin que Montesquieu dont
la théorie le condamne inévitablement à l'esclavage.

Vous venez d'entendre ce grand homme. Écou-
tez-en maintenant un autre, écoutez Voltaire;
il vous dira : « Il n'est permis qu'à un aveugle
» de douter que les Blancs, les Nègres, les Al-
» binos, les Hottentots, les Lapons, les Chinois,
» les Américains ne soient des races différentes ».
Mais s'il y a des races différentes, on peut donc
affirmer que quelques-unes de ces races sont supérieures aux autres, surtout lorsque les faits, les
traditions, l'histoire, les témoins oculaires et les
autorités de tout genre, excepté la vôtre et celle
de quelques philantropes, viennent à l'appui de
cette vérité. Je suis trop poli pour vous accuser

de subterfuge et de mauvaise foi ; mais j'ai tout lieu de croire, par le vague et l'obscurité volontaire dont s'enveloppent quelques écrivains de votre secte, qu'ils ont souvent besoin de cette obscurité. Comme vous, ils confondent sans cesse les nègres avec d'autres espèces d'hommes, sous le nom collectif d'Africains. La distinction est pourtant essentielle à faire : car il ne s'agit ici que de nègres, et nous ne parlons pas surtout des habitans de la partie septentrionale de l'Afrique. Je savais en sixième que Carthage était dans cette partie du monde; et je n'ai jamais prétendu confondre Annibal avec Christophe, quoique vous donniez gratuitement à celui-ci le nom de législateur, et que vous le mettiez ainsi au - dessus d'Annibal lui - même.

Tous les avocats de la race noire indistinctement, pour la justifier de sa barbarie et de son ignorance, en accusent l'esclavage, fléau devenu indigène sur cette terre de malédiction. On pourrait leur demander si l'esclavage, au lieu d'en être la cause, n'en est pas au contraire l'effet, et je ne sais trop ce qu'ils auraient à répondre. Quant à vous, Monsieur, vous niez un fait évident, et soutenez imperturbablement que l'Afrique est heureuse et civilisée. Oubliant que, de tous temps, cette partie du globe eut des esclaves, qu'elle en avait du temps des patriarches, que Joseph y fut ven-

du par ses frères, vous dites textuellement : « l'A-
» fricain, qui n'a point été arraché de son pays,
» est libre, il est heureux, et le renouvellement
» de la traite est un appel à tous les crimes pour
» le priver de sa liberté ».

Vous le voyez : vous parlez sans cesse d'Africains, tandis que nous parlons de nègres, c'est-à-
dire, d'une race particulière. Les Africains sont
peut-être libres à Tanger, à Maroc, à Fez ; mais
les nègres, dans presque toute l'Afrique, vivent
dans l'esclavage. C'est-là une vérité triviale ; vous
la niez par système.

Écoutez, sur la liberté des Africains, M. Palissot de Beauvois : « La richesse, dit-il, consiste
» à Benin dans le nombre des esclaves propor-
» tionnés aux moyens des individus. On m'a as-
» suré que le roi de Benin seul, non compris
» les 800 femmes de son sérail, que j'ai toutes
» vues, posséde six mille esclaves des deux sexes ;
» mais je crois ce nombre au-dessous de la vérité.
» Son capitaine des gardes *Jabou, chez lequel*
» *j'ai assisté à une fête, dans laquelle trois*
» *hommes ont été sacrifiés,* entretient au moins
» 300 femmes et 1800 à 2000 esclaves. Le roi
» d'Oware, outre son sérail, a au moins cinq à six
» mille esclaves.

» Ces esclaves, pour la plus légère faute, sont
» attachés par les deux poignets à un poteau au

» haut duquel est placée une poulie : on y passe
» la corde qui leur lie les deux mains. Dans cette
» position, un ou deux nègres, armés d'un rotin,
» en frappent indistinctement sur toutes les parties
» du corps. J'en ai vu tellement couverts de sang,
» qu'à peine distinguait-on la couleur de leur peau.
» Pour une faute plus grave, on leur coupe la tête.
» Leurs corps sont privés de sépulture et exposés
» dans les bois aux fourmis, aux vautours, à la
» dent vorace des léopards, du chacal ».

Il est clair que voilà des Africains très-libres,
très-heureux, et très-civilisés. Voici encore un
passage de l'ouvrage de M. Datzell, Anglais qui a
séjourné 18 ans en Afrique.

« Mais rien ne fait plus d'horreur que cette pas-
» sion de décorer leurs cabanes des crânes de ceux
» qu'ils ont égorgés de sang froid. Sous le règne ac-
» tuel d'Adahonzou, successeur de Bossa Adhée,
» après le carnage fait des prisonniers de guerre,
» il fut ordonné que leurs crânes orneraient les
» murailles du palais du roi. Ce soin fut confié à
» un nègre qui, ayant négligé de proportionner les
» distances et la quantité des matériaux, trouva
» qu'il lui manquait cent vingt-sept crânes pour
» compléter son ouvrage. Le roi, informé du dé-
» ficit, ordonna sur-le-champ qu'on mit à mort
» le même nombre de prisonniers pour achever
» son horrible tapisserie ».

Voilà des preuves de la civilisation de l'Afrique ; quant à la liberté de ses habitans, lisez Mungo Park, cet homme véridique : il vous dit textuellement : « Les esclaves, en Afrique, sont, » je crois, relativement aux hommes libres, dans » la proportion de trois contre un ». Que devons-nous penser actuellement de votre bonne-foi ?

Vous nous dites ailleurs, que les Africains, et pour parler avec une exactitude que vous semblez fuir, que les nègres sont libres, ou l'étaient du moins avant la traite. Mais s'ils l'étaient alors, comment le premier vaisseau, qui fut y traiter des esclaves, put-il en obtenir ? et, puisqu'il est constaté qu'il en obtint facilement, puisque les nations maritimes, qui suivirent cet exemple, en obtinrent autant qu'elles voulurent, il est évident que l'esclavage y a précédé la traite.

Les Africains sont heureux, dites-vous ? je n'ai qu'à vous citer vous-même pour réfuter cet étrange paradoxe. Nous allons voir si le peuple dont vous peignez si éloquemment l'abjection, les crimes, les vices et la misère, peut être réellement heureux !

« Souvent le prince africain, dans sa soif » aveugle pour les marchandises de l'Europe, ou » ne sachant plus comment payer celles qui lui » ont été livrées à crédit, après avoir été repoussé » du territoire de ses voisins, attaque l'un de ses

» propres villages, et dans le tumulte d'un in-
» cendie nocturne, il saisit et entraîne au vais-
» seau ses sujets qu'il traite en ennemis. En
» même-temps ses juges se répandent dans toutes
» les directions, au travers de ses domaines, pour
» chercher et condamner des coupables ; ses or-
» donnances tendent des piéges à la bonne foi de
» ses sujets pour multiplier les crimes ; des féti-
» ches sont exposés au milieu des grands che-
» mins, et si quelqu'un a le malheur de les toucher,
» cet acte prétendu d'irréligion est puni par l'es-
» clavage ; mais l'accusation de sorcellerie est plus
» productive qu'aucune autre, parce qu'aucun in-
» dice n'est nécessaire pour y donner lieu, et qu'au-
» cun homme n'en est à l'abri. La procédure est
» digne du but qu'on se propose : c'est un jugement
» de Dieu, une épreuve par l'eau rouge ; si cette
» eau qu'on fait boire au prévenu lui cause quel-
» que souffrance, quelque maladie ou la mort,
» il est regardé comme convaincu ; son bien est
» confisqué, et toute sa famille vendue, avec lui-
» même, s'il a survécu : le juge, pour être plus sûr
» de son fait, a soin le plus souvent de mêler un
» poison violent à l'eau qu'il fait boire. Un voya-
» geur vit le roi de Sherbro, sur la rivière du
» même nom, présenter l'eau rouge dans une seule
» matinée à six prévenus de sorcellerie ; tous six
» moururent empoisonnés, et leurs familles furent

» aussitôt vendues aux Européens , qui les atten-
» daient à l'ancre ; d'autre part les voleurs d'hom.
» mes se répandent dans les campagnes ; ils dres-
» sent de tous côtés des embuscades aux malheu-
» reux paysans ».

Je m'arrête , Monsieur , et je vous demande si c'est sérieusement, si c'est de bonne foi que vous nous parlez du bonheur et de la liberté d'un peuple jouet d'une corruption si monstrueuse et plongé dans un tel abîme de maux ? A vous entendre, il est vrai, cette corruption y a été importée, inoculée par l'avidité des négriers; à vous entendre, c'est un fruit pestilentiel de l'Europe, greffé sur l'innocence africaine ; à vous entendre, enfin , cette partie du monde serait heureuse sans la traite. Cependant l'Europe n'a pu donner à l'Afrique que la corruption dont elle était infectée, et, de votre aveu même, celle-ci l'a portée mille fois plus loin ; il faut donc qu'elle ait été servie en cela par sa propre perversité, ou du moins par une nature moins parfaite. Comment se fait-il d'ailleurs qu'à peine arrivés sur les côtes de Guinée, les Européens y aient trouvé des esclaves à acheter ? La cause doit nécessairement précéder l'effet, et si la traite est cause de cet horrible trafic , comment le trafic a-t-il pu précéder la traite ?

Dès que la corruption africaine est plus grande que celle de l'Europe , et vous venez bien certainement de nous en donner la preuve, il me semble que cette dégradation tient plutôt à la nature des nègres qu'aux amorces des blancs, quelques puissantes qu'elles soient. Le niez vous ? il demeurera toujours prouvé que le commerce des esclaves exista de tout temps en Afrique, et que jusqu'au moment où nos vaisseaux y furent en chercher, c'est-à-dire, pendant cinq ou six mille ans, nous n'étions pour rien dans les causes du trafic. C'est tout ce que je veux pour le moment.

De tout temps des caravanes ont parcouru l'Afrique en divers sens. Les Romains avaient pénétré jusqu'au Niger par Gadamis, Fezzan, Tabou et Kassina ; nous savons que Tombouctou, où nul européen n'est encore parvenu, communique avec Fez. Le Vaillant, Sparman et Barrow ont parcouru le pays des Hottentots, et quelques parties de la Caffrerie ; Brown a parcouru le Darfour ; Bruce et Salt ont visité l'Abyssinie ; Mungo Park, parti des rives de la Gambie, s'est avancé très-près de Tombouctou ; les marins ont commercé sur les côtes occidentales ; l'Afrique enfin a reçu de toute part les lumières européennes ; mais, grâce à la nature de ses habitans, elle n'a pas su en recueillir une seule étincelle. Les prodiges de science, d'industrie, de courage et de commerce qui, de l'Égypte, de la Sicile, de la Phénicie, de la Grèce et de Carthage, réagissaient lentement sans

doute, mais avec des effets sensibles jusqu'aux extrémités de l'ancien monde, n'ont rien produit sur ce continent, et le foyer de lumière allumé sur ses bords, qui portait si loin ses rayons, les a fait briller inutilement sur cette terre de malédiction. Vainement une ceinture de civilisation la bordait dans sa partie septentrionale : la lumière s'arrêtait comme par enchantement à une certaine distance, et les peuples n'en sont pas moins restés stationnaires dans leur ignorance primitive. Jusqu'à ce que vous nous ayez donné une explication satisfaisante de ce phénomène, je croirai toujours, quoi que vous en disiez, qu'un pareil effet tient à l'infériorité des nègres. Qu'ils y aient été condamnés par la nature, ou qu'ils l'aient insensiblement reçue du climat sous la rigueur duquel les facultés intellectuelles s'affaiblissent et s'altèrent, elle n'en est pas moins constatée ; l'esclavage qui semble indigène au pays en est le résultat évident ; il doit même en être la conséquence nécessaire ; car, comme le dit Montesquieu, « le nègre y supportera plus facile-
» ment la servitude que l'action de l'âme et la force
» d'esprit qui sont nécessaires pour se conduire soi
» même ».

Vous l'entendez, Monsieur ; Montesquieu, dont vous ne nierez sûrement pas l'autorité, Montesquieu, ennemi de l'esclavage au point de n'en parler qu'avec une froide ironie, le regarde cependant comme le résultat indirect d'un climat chaud ; ainsi sa théorie simple, et pourtant lumineuse, vient à l'appui des faits, des historiens, des traductions, des voyageurs modernes, et de tant de témoins oculaires. J'espère donc que, les nègres une fois convaincus et justifiés ainsi par l'intolérance de leur climat d'une infériorité bien constatée, les colons seront déchargés de l'accusation portée contre eux, pour avoir avancé une vérité devenue triviale, et reconnue depuis long-temps par Montesquieu ; mais alors comment serez-vous justifié vous-même du mépris injurieux avec lequel vous avez traité les colons pour un délit imaginaire ?

Au surplus, l'autorité d'un grand homme était superflue, quand des faits innombrables parlaient d'un ton d'autorité bien supérieur à la sienne. Considérez l'Afrique, considérez son inaltérable je dirais presque son ineffaçable barbarie. Qu'a-t-elle fait ? qu'a-t-elle imaginé ? qu'a-t-elle perfectionné lorsque la lumière européenne brillait par torrens sur ses bords méditérranéens, et depuis quelle en reçoit les rayons affaiblis par des voies si nombreuses ? Ce qu'elle a fait ! elle a résisté aux enseignemens de la nature comme à ceux des hommes ; elle a repoussé les arts, même ceux auxquels nous porte irrésistible-ment une espèce d'instinct. Des huttes de jonc, de clissage, revêtues d'un mauvais torchis, voilà de quoi se composent ces rassemblemens que vous nommez des villes, et où l'on végète dans la misère, l'ivresse, l'oisiveté, et le dénûment de toutes les commodités de la vie. Les Portugais ont essayé de policer le Congo au moyen du christianisme ; le Congo est resté aussi barbare qu'il l'était lorsqu'on y fit cet essai. L'Abyssinie a reçu le christianisme : il y est dégénéré au point d'être méconnaissable, et il s'est passé plus de cent ans avant qu'un Européen ait pu pénétrer sur une terre devenue chrétienne. Je le répéterai sans cesse : des hommes que le besoin, père de toute industrie, n'a depuis six mille ans ni aiguillonnés, ni civilisés, malgré les communications fréquentes qu'ils eurent avec les peuples commerçans, riches et éclairés ; des hommes qui eurent sous les yeux le tableau des villes de la Phénicie, et le tableau peut-être plus brillant de Carthage, sans en profiter, ont reçu de la nature leur brevet d'infériorité. Il n'y a pas d'autre moyen d'expliquer un pareil phénomène.

Avant de renforcer par l'autorité des témoins, les assertions qui précèdent, permettez-moi de relever dans votre brochure une inadvertance bien extraordinaire. Après avoir affirmé d'une manière tranchante, sans preuves, et contre toutes les traditions respectables, que l'Afrique est habitée par *une race d'hommes, nombreuse, active, industrieuse, et accoutumée au commerce*, vous ajou-

tez : « Pourquoi, n'y-a-il pas sur la côte du Sénégal et
» de la Guinée, des villes florissantes où les pro-
» duits de l'Europe soient échangés contre ceux des
» tropiques, où les manufactures de notre conti-
» nent se donnent en paiement contre celles de Tom-
» bouctou ? Pourquoi ces restes de l'ancienne civi-
» lisation carthaginoise et phénicienne, qui pa-
» raissent s'être conservés dans les villes, autrefois
» colonies du peuple le plus entreprenant, sont-ils
» dérobés à notre connaissance ? Pourquoi un mur
» d'airain écarte-t-il également et nos savans et nos
» commerçans de ce pays mystérieux, qui pro-
» met, aux uns, sa poudre d'or et son ivoire ; aux
» autres, ses antiques secrets ? C'est aux seuls mar-
» chands négriers que nous le devons ; c'est eux
» qui ôtent à nos manufactures des nations-entiè-
» res de consommateurs. C'est eux qui portent la
» désolation dans un pays qui pourrait seul suffire
» à entretenir l'industrie européenne, et qui nous
» privent du plus prochain et du plus riche de tous
» les marchés dont les mers nous séparent. Ils re-
» prochent aujourd'hui aux Africains la barbarie
» qu'ils ont créée ; ils veulent qu'on juge ces peu-
» ples sur les crimes qu'ils ont excités et qu'ils ont
» payés ».

En vérité, Monsieur, je suis confondu de surprise ; je ne sais si je rêve ou si vous rêviez vous-
même, en composant cet étrange paragraphe,

et je ne puis pas me persuader que vous accusiez sérieusement nos marchands négriers de ce qu'il n'existe pas de villes florissantes sur les côtes du Sénégal et de la Guinée, et de ce qu'ils ont créé la barbarie des Africains. Il y a, dit-on, cinq ou six mille ans que le monde existe, et depuis un peu plus de deux cents ans, des négriers vont chercher des esclaves sur ces côtes. S'ils ont eu, à dater de cette époque, le funeste pouvoir d'y arrêter l'essor de la civilisation, pourquoi, vous demanderai-je à mon tour, des villes florissantes n'y ont-elles jamais existé? Pour que votre accusation fût fondée, et à parler franchement, pour qu'elle ne fût pas absurde jusqu'à la folie, il faudrait que la désolation dont tout y porte l'empreinte, ne datât que du jour de notre arrivée; et dès qu'il n'y exista jamais de villes, vous n'avez pas le droit d'accuser les Européens de ce qu'il n'en existe pas aujourd'hui. Je vous défie de répondre à cela.

« Pourquoi, dites-vous, un mur d'airain écar-
» te-t-il également nos savans et nos commerçans
» de ce pays mystérieux, qui promet, aux uns sa
» poudre d'or et son ivoire, aux autres ses anti-
» ques secrets » ?

Mais qu'est-ce que ce mur d'airain dont vous nous parlez, si ce n'est une barbarie qui résiste à tous les exemples, à tous les enseignemens et qui repousse la lumière par toutes les voies où elle pourrait pénétrer?

Ce pays très-mystérieux, en effet, ne nous promet pas, comme vous le dites systématiquement, sa poudre d'or et son ivoire : il nous la donne de temps immémorial et refuse constamment l'industrie, dont partout, excepté en Afrique, le commerce fut toujours le moteur et le véhicule. Quant à ses antiques secrets, Monsieur, rien ne vous empêche d'aller les recueillir; mais il faudra que la terre vous parle elle-même, car les nègres sont, sur leurs annales, muets comme leurs solitudes ; cette race ne vous dira rien, pas même par ses regards. Chez elle, une âme naturellement inerte n'apporte jamais une seule de ses émotions sur un œil qui n'en réfléchirait d'ailleurs aucune trace. Mais qu'y feriez-vous, puisque Brown, Barow, Sparman, Bruce, Salt, et tant d'autres ne nous ont presque rien appris de ce pays mystérieux? Le major Hongthon y a péri victime de sa noble curiosité : Mungo Parck lui-même, dont nous admirons le courage, est tombé sous les coups de ce peuple heureux et civilisé selon vous. L'Europe, vous en conviendrez cette fois, n'est pour rien dans un pareil trait de barbarie, puisque nul Européen n'avait encore pénétré jusqu'aux lieux où périt cet infortuné.

Mais pour décider irrévocablement cette question, il suffit d'observer qu'il a fallu toute sa courageuse persévérance , pour connaître seulement la direction du cours du Niger; oui, lorsque les habitans d'une terre arrosée par un aussi grand fleuve, ne savent rien nous dire de ses sources, lorsqu'ils ne savent pas même qu'il coule de l'ouest à l'est, cette terre barbare est jugée à jamais ; elle est condamnée à une éternelle ignorance.

« Ces peuples, ajoutez-vous, infiniment plus
» avancés dans leur civilisation que les naturels
» de l'Amérique, et peut-être que ceux situés au
» nord et au levant de l'Europe, ont été plongés,
» par la traite, dans l'état le plus funeste de dé-
» fiance, de tyrannie, et de brigandage auquel la
» société humaine puisse être réduite ».

Je viens de réfuter la dernière partie de votre assertion; je vais vous prouver maintenant l'inexactitude de la première.

Oui, Monsieur, les Américains, peuple récent, étaient bien plus avancés dans la civilisation au moment où l'on découvrit le nouveau monde, que l'Afrique ne l'est aujourd'hui. Les Mexicains avaient des villes, des chaussées, des chemins, des temples. Les Péruviens faisaient , avec des *quipos*, des calculs assez compliqués, et avaient même une idée de la peinture. Il n'existe rien de comparable , dans toute l'Afrique, à la chaussée construite sur le lac du Mexico. Le pays des Hot-

tentots , la Nigritie, le Congo, la Guinée , le Mo-
nomotapa , le Zanguebar, ne présentent que des
solitudes animées accidentellement par des scènes
affreuses de barbarie, et toujours consternées par
la crainte superstitieuse des grisgris et des fétiches.
Les dieux du pays sont tour à tour des arbres, des
serpens, des crocodiles et des pierres. La terreur
seule est le principe d'un culte stupide, et ce culte
inhumain, digne en tout de l'adorateur qui se fait
des Dieux à son image , n'a jamais produit dans
ces âmes abjectes un sentiment élevé , une seule
pensée digne d'un Dieu clément et miséricordieux.

» L'Afrique est heureuse et civilisée, dites-
» vous, de très-grandes villes commerçantes et ma-
» nufacturières ont été bâties au milieu du conti-
» nent africain, elles sont les capitales des puis-
» sans royaumes où les arts, les manufactures , at-
» testent les progrès de la vie sociale. La propriété
» y est assurée, la vie civile y est garantie, la justice
» y est administrée avec sagesse, et le gouverne-
» ment y est respecté ».

Je le demande à tous les hommes sans prévention : ne faut-il pas vouloir tout dénaturer et tout
peindre sous des couleurs fausses pour faire un pareil tableau de l'Afrique ; et si vous aviez à parler
de Paris, Londres, Lyon , où Manchester ; si vous
aviez à caractériser les résultats de la constitution
anglaise, ou de la charte française, que pour-

riez-vous dire de plus? Puisque vous citez *Mungo-Parck*, j'adjure ici ses nombreux lecteurs de me dire si ce n'est pas pousser la prévention jusqu'à la folie, que de nous peindre l'Afrique des mêmes traits dont un Français ou un Anglais pourraient tout au plus peindre leur heureuse et brillante patrie. Relisez donc ce *Mungo-Parck*, vous y verrez des rois se souillant de bassesses et de perfidies pour quelques gallons d'eau-de-vie : vous en verrez d'autres exiger et obtenir, par un mélange odieux de menaces et de séductions, le mince vêtement de cet intrépide voyageur. Il en récompensera d'autres avec deux ou trois boutons de cuivre de son habit. Ailleurs, un prince fouillera sans honte, sa chétive valise et s'en appropriera sans façon les misérables effets. Toujours au moment de périr de faim et de misère, il arrive enfin au terme de sa course, sans un seul bouton, parce que, dans cette partie centrale, remplie, dites-vous, de villes commerçantes et manufacturières, il s'en est servi comme de monnaie. Dormant souvent sur des cuirs, et quelquefois sous des arbres, il est dans telle occasion réveillé par des loups, et terrifié par des lions ; et n'échappe à une embûche ou à un danger que pour tomber dans un autre. Sans cessé le jouet d'une cupidité féroce, ou d'une série de perfidies dont rien ne couvre la difformité, si de vieilles négresses lui donnent quelquefois un cuir pour reposer, il est pillé le lendemain par leurs parens, à la sortie même du hameau, ou dans une embuscade préparée quelques pas plus loin. Les Maures le maltraitent, il est vrai, beaucoup plus que les nègres. Qu'importe? à la cruauté près, il en est à peu de choses près tourmenté de même, et n'est pas moins victime de la barbarie supportable des uns, que de la perversité féroce et brutale des autres. Consulté sur un nègre qui vient de recevoir une balle dans la cuisse, on le regarde comme un cannibale, parce qu'il a jugé nécessaire de la couper. En beaucoup d'endroits une stupide curiosité fouille dans ses poches et lui arrache ses vêtemens par lambeaux; des femmes vont jusqu'à compter les doigts de ses pieds et de ses mains, *comme si elles avaient douté*, ajoute-t-il, *que j'appartinsse à l'espèce humaine.* A Vonda, le roi lui dit: *Voyez cet enfant, sa mère me l'a vendu à la charge de la nourrir pendant quarante jours, elle et sa famille.*

Puisque vous vous occupez de l'Afrique, vous ne devez pas ignorer qu'un négociant de la cité de Londres fit, il y a quelques années, le pari d'y conduire deux rois africains, lesquels ne devaient pas lui coûter, disait-il, plus de deux mille écus.

Vous soutiendrez sans doute qu'il ne pouvait

se procurer ces deux rois que par des voies criminelles, et vous aurez peut-être raison ; mais qu'est-ce donc qu'un pays où les rois sont ainsi vendus par leurs sujets, ou leurs confrères? Si la corruption de l'Europe est pour quelque chose dans de pareils marchés, celle de l'Afrique en est pourtant le moyen principal, et vous conviendrez au moins que les habitans qui vendent ainsi ou laissent vendre leurs rois, sont encore plus barbares que ceux qui les achètent. Et c'est-là cependant le pays que vous dites peuplé d'hommes libres? c'est-là le pays dont vous nous vantez le bonheur et la civilisation? C'est-là le pays dont vous parlez en termes si magnifiques? Il faut en convenir, la philantropie est un culte bien singulier, s'il exige dans ses adeptes une pareille abjuration de bonne foi.

Mais je n'ai pas encore tout dit sur l'Afrique. M. Palissot de Beauvois, membre de l'institut de France, conseiller à la cour royale, dont je vous ai déjà parlé, a vécu long-temps dans le royaume de Benin et d'Oware ; il réside actuellement à Paris. C'est un homme de mœurs douces, d'une sincérité à toute épreuve, accoutumé par la culture des sciences à peser et à mesurer ses expressions. Il déteste le commerce des nègres « plus que » personne, dit-il, dans son dernier ouvrage : je

» fais des vœux pour l'abolition d'un commerce
» aussi révoltant; mais l'abolition subite de la
» traite sans aucune modification ni aucun tempé-
» rament, est contraire aux lois sociales, et repous-
» sée par la prudence, l'équité et l'*humanité* ».
Ce qu'il y a de certain, c'est que son livre en fournit
la preuve incontestable. Si j'en extrais les passa-
ges suivans, c'est beaucoup moins, cependant,
pour les détails dont ils pourraient éclairer la
question de la traite, étrangère à mon sujet, que
parce qu'ils peignent l'Afrique sous les véritables
couleurs, qu'ils confirment mon opinion, et que
la vérité a ici pour organe un homme respectable,
un témoin oculaire dont vous ne pourriez récuser
l'autorité sans vous déclarer de mauvaise foi.

« De tous les temps, dit-il, les Béniniens ont
» sacrifié des hommes, des esclaves et des ani-
» maux par dévotion et par superstition dans leurs
» fêtes publiques. Je dois ajouter que les victimes
» ne sont ni des criminels, ni des prisonniers de
» guerre. On choisit des hommes qui n'ont rien à
» se reprocher. Autrefois ils en sacrifiaient un très-
» grand nombre pour en diminuer la multiplicité,
» qui eût pu devenir dangereuse. Aujourd'hui, et
» depuis que la traite est introduite chez eux, ils
» ne destinent à ces cérémonies que des estropiés,
« des hommes contrefaits qui ont éprouvé quel-

» qu'accident, des esclaves, en un mot, que les
» capitaines traitans refusent d'acheter.

. » Le peuple de Galbar vend ses esclaves comme
» les autres peuples de la Guinée; il est hospitalier
» tout comme eux. Il ne fait pas de sacrifices hu-
» mains comme les Béniniens, mais il met à mort
» les prisonniers de guerre, dépèce leurs cadavres
» et en expose la chair comme de la viande de
» boucherie dans les marchés publics, où ils sont
» sûrs de trouver des acheteurs ».

Après de semblables traits, il n'y a plus rien à
dire; les nègres sont jugés : nous le sommes également tous les deux; vous, pour avoir dit : « L'A-
» fricain qui n'a point été arraché de son pays est
» libre et heureux; l'Afrique est heureuse et civi-
» lisée; la vie civile y est garantie; la justice y est
» administrée avec sagesse »; les colons eux-mé-
mes, pour avoir dit : « La race nègre, différente
» de la race blanche, lui est inférieure ». Il ne
reste donc plus qu'à gémir sur une barbarie inhé-
rente au sol. Permis à vous, Monsieur, d'en attri-
buer la cause à la traite, fléau qui n'a pas trois
cents ans de date; vous êtes bien le maître de vous
déconsidérer, en vous plaçant ainsi entre le repro-
che inévitable d'ignorance ou de mauvaise foi : ce
qui n'est pas excusable, c'est d'injurier et de calomnier les colons, parce qu'ils ne sont pas philantropes, c'est-à-dire, parce qu'ils ne donnent pas,

comme vous, à cette bienveillance si facile pour le genre humain, le ton du fanatisme. Écoutez ceci : Mirabeau, l'*Ami des hommes*, véritable ty-ran domestique, plaida toute sa vie contre sa fa-mille, et notamment contre le comte de Mirabeau son fils ; comment croirions-nous donc à votre tendre amour pour les Africains ? Comment croi-rions-nous à l'ardeur de cette philantropie, depuis que l'on a vu

> De ce système outré les plus chauds partisans,
> Chérir tout l'univers, excepté leurs enfans ?

C'est un rôle agréable, sans doute, que de plai-der pour le genre humain tout entier ; la mise de fonds qu'exige un pareil état n'est pas coûteuse : un peu d'encre et de papier, des sentimens pris dans la tête : avec ce mince bagage et la facilité de s'attendrir sans mesure sur des maux qu'on est dis-pensé de soulager, on peut à l'aise régenter les nations et calomnier les classes de la société re-belles à votre doctrine. Qu'importent, en effet, les moyens, lorsqu'on poursuit un but aussi grand, aussi pur, sous l'égide d'une conscience plus pure encore ? Mais puisque vous êtes en France, puis-que c'est la France que vous voulez convertir, n'ou-bliez pas le premier moyen de l'orateur, celui de l'insinuation, et ménagez davantage sa dignité bles-sée par les éloges inconvenans que vous donnez à des rivaux qui veulent, à toute force, nous rendre

meilleurs que nous ne sommes. On ne le voit
que trop, vous êtes plus homme que Français;
on le reconnaît, on le sent, au ton sec, faux et gla-
cial dont vous parlez à un peuple sensible et fier
d'un devoir qu'on lui impose. A vous entendre,
« c'est au nom de l'Afrique que le gouvernement
» anglais sollicite aujourd'hui les puissances eu-
» ropéennes, et qu'il presse le congrès de Vienne
» de rendre hommage aux droits des nations . . . .
» et l'on ne veut voir, ajoutez-vous, que calcul et
» qu'égoïsme mercantile dans le plus noble mou-
» vement qui ait jamais agité tout un peuple ».
Hélas! non, on ne voit guère que cela. On a tort,
sans doute, puisque vous y voyez autre chose; mais

    Quand tout le monde a tort tout le monde a raison.

J'admire, monsieur, votre candeur ingénue :
vous avez, dans ce siècle de fer, une âme digne
en tout de l'âge d'or; c'est en Arcadie et non
à Genève que vous auriez dû naître; c'est une
houlette et non une plume que vous devriez avoir
en main. Les Genevois ne sont rien moins, dit-on,
que des Arcadiens. Comment avez-vous donc fait
pour conserver au milieu d'eux cette simplicité
crédule des temps antiques?

    L'âge d'or était l'âge où l'or ne régnait pas,

et, par malheur pour votre bonne foi, il règne à
Londres plus qu'ailleurs. Sénèque écrivait son

traité du Mépris des richesses sur une table d'or !
En vérité, l'Angleterre, riche aujourd'hui de tous
les esclaves qu'elle a pris à l'Afrique depuis cent
cinquante ans, et fulminant avec vous des arrêts
philantropiques contre nous, ne ressemble pas
mal à ce philosophe si commodément stoïcien.
Non, monsieur, nous n'avons pas votre naïve
confiance sur *ce noble mouvement de tout
un peuple*. Sa verve, ou pour mieux dire, sa
fièvre d'humanité, nous est suspecte à plus d'un
titre, et les flamnies de Wasinghton n'ont ni éclairé
ni dissipé nos doutes. Croyez donc, seul, puisque
cela vous convient, à ce noble mouvement. Votre
bonne foi est digne en effet de l'écrivain qui nous
a dit ingénument : l'Africain est libre et heureux.

Après nous avoir parlé de l'Afrique, comme
on parlerait à peine des parties les plus civilisées et
les plus brillantes de l'Europe, vous dissertez sur
Saint-Domingue d'un ton plus admiratif encore ;
jouet ainsi d'une crédulité qui serait inexplicable
dans un homme comme vous, sans les préventions
qui vous subjuguent ; c'est dans les gazettes fabri-
quées à Londres par les agens de Christophe que
vous prenez et que vous adoptez les élémens d'une
opinion dont les bases sont toutes hypothétiques ou
supposées. Vous allez enfin jusqu'à nous vanter
l'élégance du style niais, incorrect et plat du comte
de Limonade, digne tout au plus, comme écri-

vain, de figurer à l'ancien charnier des Innocens ; et, par une abjuration de bon sens, devenue presque de la folie, vous appelez législateur, ce barbare Christophe, véritable roi de mélodrame, buvant ingénument sur son trône sanglant à la santé de son frère le roi d'Angleterre, et gouvernant à coups de pistolet. Après vingt ans d'erreurs et de leçons de tout genre, vous ne voyez qu'un beau spectacle dans ce qui ce passe à Haïti : Vous vous empressez de reconnaître comme légitime ce ridicule souverain qu'aucune puissance européenne n'a encore reconnu. Vous déclarez assez formellement la colonie de Saint-Domingue indépendante par le droit comme par le fait, et consacrez à la fois en faveur d'un brigand heureux, la déchéance de la France souveraine légitime de la colonie, et cette maxime subversive du repos des peuples,

Le premier qui fut roi fut un soldat heureux.

Je ne veux pas vous offenser, monsieur; mais vous me permettrez de vous dire (et je vais vous le prouver sans réplique), que si vous ne voulez pas nous mystifier, vous êtes mystifié vous-même. Je n'aurai guère pour cela qu'à vous laisser parler. « L'Europe contemple avec étonnement dans » Haïti ce que peut faire cette race d'hommes si » méprisée; elle voit *deux législateurs*, l'un au » Cap-Français, l'autre au Port-au-Prince, or-

.» ganiser deux nations de citoyens qui naguères
» étaient esclaves ; elle voit une dépêche *d'un*
» *homme d'état* nègre, celle du comte Limo-
» nade, secrétaire d'état et ministre des affaires
» étrangères de Henri Ier., indiquer une connais-
» sance non moins exacte des affaires de l'Europe,
» que celle qu'on trouverait dans les cabinets de
» nos souverains; elle voit un nègre écrire dans
» une langue qui n'est pas la sienne, avec une *élé-*
» *gance et une précision* qu'on est loin de trouver
» dans les écrits de ceux qui refusent aux noirs le
» nom d'hommes ».

Voilà ce que vous dites ici : voici maintenant ce
que vous appelez ailleurs un tableau plein et précis.

« Une école royale militaire est établie au Cap-
» Henri, les professeurs sont payés par le gouver-
» nement. Ils enseignent la lecture, la grammaire,
» la géographie, l'histoire, la tactique militaire,
» les mathématiques, l'art de lever les cartes, les
» fortifications, et les élèves sont accoutumés à
» tous les genres d'exercices ».

Bien convaincu cependant que de pareils éta-
tablissemens n'existent que sur le papier, vous
ajoutez :

« Il ne serait pas impossible que ce paragraphe
» qui est extrait du 23e. chapitre intitulé, Instruc-
» tion publique, de l'almanach royal d'Haïti, donnât
» comme existant ce qui n'est encore qu'un projet».

Vous le voyez, monsieur, vous êtes le premier à reconnaître le charlatanisme de cet étrange paragraphe ; il est évident en effet que le comte de Limonade essaye de nous donner comme formés des établissemens impossibles à réaliser, dont il a pris la nomenclature partout, et que vous vous extasiez sur des projets en l'air ;

Mais, pour être approuvés,
De semblables projets veulent être achevés.

Détrompez-vous, monsieur, ils ne le seront pas ; et cela par une raison très-simple, parce qu'il ne se trouve pas dans tout le royaume de Christophe dix hommes en état de lire couramment ; qu'il ne s'en trouve bien certainement pas davantage d'assez instruits pour comprendre le sens des mots, *tactique militaire*, *géographie*, *mathématiques*, *fortifications* ; et que l'imprimerie dont vous faites honneur aux nègres, y a été portée de la Jamaïque par un blanc nommé Roux, sous la protection du comte de Limonade, jaloux d'imprimer ses élucubrations.

Puisque vous êtes décidé à nous présenter ce ministre comme un homme d'état, comme un écrivain *plein de noblesse, d'élégance et de précision*, il ne fallait pas nous donner un échantillon de son style. En attendant que je vous fournisse, moi, la mesure de son bon sens, par ses propres œuvres, ce qui ne tardera pas, je vais vous prouver que, sur qua-

torze lignes seulement que vous citez de lui dans
une de vos notes, le plus mince écolier de troisiè-
me trouverait, au premier coup d'œil, trois lourdes
fautes. Ce détail sera minutieux peut-être, mais
il donnera du moins à nos lecteurs la juste mesure
de vos préventions ou celle de votre bonne foi.

Écoutons donc ce ministre écrivain :

« Nous savons que nos tyrans communs en
» veulent à nos jours, qu'ils ne *calculent* pas
» moins que *l'annihilation* de la population totale
» d'Haïti... O délire des passions ! ô inconcevable
» fatalité, où n'emportez-vous pas les hommes qui
» *écoutent* les illusions *factices* de l'ambition » !

Alceste, monsieur, vous répondrait avec une
franchise qui n'est pas permise :

Morbleu, vil complaisant, vous louez des sottises.

Que veut dire en effet calculer l'annihilation ?
Qu'est-ce que ce mot barbare ? Que veut dire
écouter des illusions, et qui plus est des illusions
factices ? N'y a-t-il pas là deux expressions impro-
pres, une expression dure, bizarre, prétentieuse,
et une espèce de pléonasme ? Et n'est-ce pas ici
l'occasion de dire que l'adjectif est l'ennemi du
substantif, quoiqu'ils s'accordent en genre, en
nombre et en cas ? qu'importe au reste son style ?

Pour apprécier le talent et le bon sens d'un si
grand homme d'état, il faut l'entendre lui-même

célébrer la gloire de Henri Ier. et de la reine Ma-
rie-Louise, dans un ouvrage dédié au prince royal
Victor ; *puissez-vous*, lui dit-il, *intéressant
pupille de nos idoles, renouveler les vertus
de vos pères!* Il faut convenir, monsieur, que
cet homme d'état, comme vous le nommez, est
bien plus naïf qu'il ne pense; que l'expression
idoles, est d'une grande élégance; que voilà deux
majestés bien plaisamment caractérisées par leur
ministre, et ce ministre bien apprécié lui-même
par un littérateur genevois !

Voici pourtant quelque chose de meilleur,
et je pourrais dire d'impayable sous tous les rap-
ports. Dans la nomenclature des objets qui arra-
chent sans cesse des cris d'admiration au comte de
Limonade, le palais de Sans-Souci, nommé si
modestement comme le palais du grand Frédéric,
paraît sous sa plume un ouvrage de féerie; « c'est
» la gloire et l'ornement d'Haïti qui porte jus-
» qu'aux nues la beauté de sa construction : *Il doit
» être carrelé et lambrissé de quadruples.* Car
» je sais, (ajoute naïvement l'écrivain homme
» d'état), que ce sont-là les intentions de notre
» monarque, et il est assez riche pour le faire ».

Quoi ! Monsieur, vous prétendez que les
colons devraient rougir de leurs opinions, et vous
ne rougissez pas vous-même de nous donner de
pareilles niaiseries pour de hautes pensées! Vous

ne rougissez pas d'appeler homme d'état l'espèce de Jocrisse, qui ne serait pas même un bon conteur dans les Mille et une Nuits. Ah ! ce n'est pas, à ce qu'il paraît, à l'école de Lycurgue, que votre roi Henri, si plaisamment affublé par vous du nom de législateur, a pris ses principes législatifs. Il ressemble bien moins encore au monarque paternel dont il usurpe le beau nom ; monarque que vous avez perdu le droit de louer ; puisque vous louez de si bonne foi son véritable paillasse. Non, ce roi, si digne de l'être, qui ne faisait ni carreler, ni lambrisser ses palais de quadruples, et dont l'âme à la fois tendre et sublime palpitait d'aise ou de douleur au souvenir de son peuple, tout bon qu'il était, eût vraisemblablement fait pendre le ministre assez impertinent pour lui donner de tels éloges. Je ne sais si son digne ami Sully écrivait avec la *noblesse*, l'*élégance* et *la précision* du comte de Limonade : je sais au moins qu'il vendait ses bois pour en offrir le prix à son roi ; et il le respectait assez pour ne pas l'appeler son idole.

Dans l'extase burlesque qui vous a saisi à la lecture de tant d'extravagances, vous vous écriez, en parlant de l'almanach de Haïti :

« L'existence de ce livre n'est-elle pas un phé-
» nomène assez étrange !...... Y a-t-il beaucoup
» de gouvernemens en Europe, qui prétendant
» rendre compte de ce qui est, pussent faire un

» tableau si plein, si concis de ce qui doit être....?
» Quelques journaux français se sont égayés sur les
» titres des nouveaux seigneurs d'Haïti, comme
» sur quelques phrases un peu prétentieuses de
» cet almanach : je suis confondu de surprise de
» voir juger d'une manière si superficielle un phé-
» nomène si nouveau dans l'histoire de l'homme ».

Vous êtes confondu, dites-vous! nous le sommes bien davantage du ton d'admiration passionnée
dont vous nous vantez des rapsodies et des sottises ; nous sommes confondus de vous entendre
appeler l'almanach d'Haïti , fait pour exciter le
rire de toute l'Europe , *un phénomène dans
l'histoire de l'homme* , et surtout de vous entendre dire : « Les progrès de l'esprit et des lumiè-
» res qu'un livre semblable suppose dans un trou-
» peau d'esclaves à peine affranchis, ne déposent-
» ils pas d'une manière éclatante, de la grande
» facilité avec laquelle les nègres seraient civi-
» lisés » !

Ainsi, monsieur, l'almanach de Saint-Domingue
suppose, selon vous, les progrès de l'esprit et des
lumières des Haïtiens ! et, parce qu'un nègre sera
venu en France se frotter la cervelle d'un peu de
latin, tous les habitans de Saint-Domingue indistinctement seront des hommes éclairés ; vous parlerez
des hordes au milieu desquelles il se trouve jeté,
comme d'un peuple de savans, et de ses platitu-

des, comme on parlerait tout au plus de l'Esprit des Lois! Je ne suis plus surpris, si vous trouvez nos journaux superficiels; mais je le suis beaucoup, je vous jure, d'entendre l'historien des républiques du moyen âge, s'extasier sur des compositions de collége, où l'on ne trouve du bon sens que par accident, et appeler phénomène un véritable prospectus de pension. Si c'est-là ce que vous avez lu dans l'almanach d'Haïti, et dans l'ouvrage du comte de Limonade, voici ce qu'on y trouvera, lorsqu'on voudra bien les lire sans prévention :

Christophe s'imagine qu'il règne, parce qu'il contient, tant bien que mal à coups de pistolet, des bandes que l'excès de leurs maux soulève sans cesse contre lui. Si le comte de Limonade, qui sait lire et écrire, n'était pas par cela même un des hommes les plus précieux du royaume, je ne répondrais pas six semaines de sa tête, et ne serais pas surpris que l'indigne usurpateur du beau nom de Henri, ne la fît un jour rouler à ses pieds sur les quadruples du palais de la Citadelle. Pendant en effet que le ministre célèbre sa clémence, dans des proclamations et des discours dont il est le rédacteur né, pendant que des amnisties, pour ainsi dire hebdomadaires, tant elles sont fréquentes, décèlent à la fois, la position fausse du prétendu roi, et la turbulence de ses bandes, celui-ci lance, à droite et à gauche, des coups de pistolet sur les grands du royaume. Cela n'empêche pourtant pas le général *Paul Romain*, de lui dire, en lui présentant une constitution extraite par centons, et par lambeaux des soixante constitutions modernes inhumées au Moniteur, et dans un style toujours emprunté au teinturier obligé, le comte de Limonade : *Quand les Henri sont sur le trône, les Sully sont près de naître.*

Je suis étonné, monsieur, que vous ne nous ayez pas fait connaître une pensée si caractéristique. Elle prouve au moins que la nature, plus complaisante pour Haïti que pour la France, y fait tout à propos, et que les Sully annoncés prophétiquement par les généraux, y naissent au moment même où un Henri de cinquante ans environ monte sur le trône. Grâce à cet admirable jeu du hasard, le roi pourra radoter impunément à quatre-vingts ans ; on ne dira pas du moins de son peuple :

Quidquid delirant reges plectuntur Achivi,

puisque le Sully qui doit y remédier ne manquera pas d'apparaître à point nommé. En attendant, le comte de Limonade est là pour le former à son école, faire de lui un homme d'état à son image, lui donner des leçons de style comme de philantropie, et le détromper sur les illusions *factices* de la vanité.

Dans l'attente du Sully, destiné à sortir des entrailles d'une Africaine, le peuple d'Haïti, jouet et victime d'un gouvernement pire que celui d'Héliogabale, se révolte sans cesse : le roi prend alors les armes, et massacre ses sujets. Le carnage fini, les proclamations lui succèdent.

En voici un échantillon : « Le peuple d'Haïti, » ne connaissant pas le but de ses désirs, se sou- » lève par les discours des apôtres de la rébellion. » M'étant aperçu que rien n'égalait ma clémence » et ma bonté, si ce n'est l'endurcissement des fac- » tieux, j'ai décidé du sort de cette ville rebelle » (le Mole), et aussitôt les chefs ont mordu la » poussière ».

Je ne suis pas de l'avis du roi Henry. Il prétend que son peuple ne connaît pas le but de ses désirs. Le but de ses désirs est pourtant bien évident. C'est de se soustraire à ce gouvernement monstrueux, dont celui des capechères de l'Afrique ne donne pas même une idée, et que le génie du mal aurait à peine inventé.

Quoi qu'il en soit, à ces *apôtres* qui mordent la poussière, en succèdent à l'instant d'autres. Jaloux de partager la proie que le roi tient entre ses mains, et dans l'espoir sans doute de s'approprier les quadruples destinées à servir de lambris et de tapis, ils conspirent. Ceux qui échappent au pistolet du roi, ou à ses bourreaux, se rendent au Port-au-Prince, que ce roi législateur, dans des proclamations dictées par la rage, nomme toujours *le Port-aux-Crimes*. Soldats, généraux et cultivateurs, chacun trahit à son tour. Il avait acheté une frégate aux Anglais; je ne sais quel amiral, l'amiral Pierrot, je crois, l'a remise entre les mains de Péthion, par une de ces trahisons qui semblent inhérentes à cet horrible état d'anarchie.

Ces défections, ce jeu de perfidies, ces proclamations, tantôt terribles, tantôt pacifiques, et toujours niaises; ces amnisties périodiques, ces généraux, mordant si souvent la poussière, peignent avec bien plus de vérité que ne le suppose le comte de Limonade qui en est l'historien, la véritable situation de la partie du nord de Saint-Domingue, et attestent suffisamment, comme il le dit lui-même, la gloire d'Haïti. Le couronnement du roi et de la reine l'atteste bien mieux encore : cérémonies, discours, costumes, tout y a été calqué sur celui de Bonaparte. Il en paraîtrait même la copie exacte, si le roi Henri n'y avait bu, devant le capitaine Douglas, commandant la frégate anglaise, *le Rendear*, à la santé de son frère le roi Georges. Ce devait être, il faut en convenir, un tableau bien curieux, bien caractéristique, et bien digne d'être célébré par un historien de votre réputation, que celui d'une cour noire et en tuniques, en manteaux brodés richement en Angleterre, n'ayant pour spectateurs que des malheureux sans chemises, dont tous n'avaient pas même des ceintures de décence, appellées *tangas*, dans le pays.

Voilà pourtant, Monsieur, ce que vous célébrez avec une emphase que je m'abstiens de caractériser, mais que nos lecteurs caractériseront pour moi. Vous nous parlez de ces indignes saturnales du ton comique dont le comte de Limonade parle de la gentillesse du prince Victor. Si vous n'y prenez garde, ce ministre qui, en qualité d'homme d'état, doit se connaître en hommes, profitant de l'admiration qu'il vous inspire, vous attachera malgré vous au culte de ses *idoles*. N'oubliez pas, je vous prie, que vous êtes responsable de votre silence à l'Europe, dont les intérêts vous réclament. Nous avons besoin de votre plume pour éviter les malheurs annoncés dans une lettre écrite du Port-au-Prince, en date du 1er. août 1814, *par un Anglais*, laquelle « fait connaître, dites-vous, les » préparatifs du gouvernement et du peuple, pour » brûler la ville et tous les établissemens des côtes, » à l'approche d'une flotte ennemie ».

Par flotte ennemie, vous entendez sûrement une flotte française ; car vous avez décidé, de votre propre autorité, que, quoique le traité de paix nous ait laissé Saint-Domingue, cette colonie est devenue indépendante, et que Christophe, né sujet français, est conséquemment aujourd'hui l'égal

de Louis XVIII. Je sais tout ce qu'il y a de philan=
tropique dans une semblable doctrine; à vous dire
vrai, cependant, elle ressemble trop à celle de la
convention, qui, par un décret spécial, mit sous sa
protection tous les peuples jaloux de devenir libres, et de jouir de cette liberté dont nous offrions
alors un si bel exemple; mais ces questions sortent
de mon sujet, et j'y reviens.

Il paraît, à vos craintes, que vous ne connaissez
pas mieux la nature physique de Saint-Domingue,
que le moral de ses habitans : sans cela, cette lettre, évidemment fabriquée à Londres pour donner
des alarmes à la France, n'eût pas augmenté les
vôtres à ce point. Oui, Monsieur, il est impossible
qu'une pareille lettre vienne de Saint-Domingue;
c'est l'œuvre de quelqu'un intéressé à tromper,
mais ignorant l'art de colorer ses mensonges, et
trahissant son ignorance par des détails dénués de
toute vérité locale. Vous sentez bien que Christophe, ce roi législateur, qui, par des vues plus
relevées sans doute que Lycurgue, foule aux pieds
les quadruples, en a pourtant assez dans ses coffres
pour payer des agens en Europe. Ces agens, bien
convaincus sans doute que, pour alarmer les habitans de Paris ou de Genève, les nouvelles qu'on
reçoit ne valent pas celles qu'on imagine, en composent à Londres de leur façon.

Ils nous disent donc :

« Vous frémiriez si vous étiez témoins des ap-
» prêts de la résistance qu'on prépare ici aux Fran-
» çais : les arsenaux sont pleins de torches et de
» matières combustibles pour tout incendier à l'ar-
» rivée d'une flotte ennemie ».

Quoi ! des torches et des matières combustibles,
dans un pays où tout est inflammable ; dans un pays
où les toits sont, en grande partie, de bois, de
paille ; dans un pays où des brises réglées donnent
aux flammes tant de violence, et une direction
dont on est toujours maître de profiter en plaçant
le feu au vent ; dans un pays enfin où la simple
pipe d'un nègre incendie souvent en quelques mi-
nutes la récolte d'une année ! Ah ! ce ne sont pas
des torches qu'il faut à Saint-Domingue, ce serait
tout au plus des pompes. Vous devriez pourtant
vous rassurer, en songeant que ces plagiaires mal-
adroits ont dérobé leurs mensonges à la police de
Bonaparte, laquelle publiait, avant le 30 mars,
que, depuis Moscou, les Cosaques portaient, der-
rière leur dos, des torches destinées à brûler Paris.

Pour moi, je m'étonne de ce que Christophe,
dont la devise est, *Dieu, ma cause et mon épée*,
veuille ajouter encore à des droits si bien fondés,
les ressources de l'incendie ; je m'étonnerais même
de vous voir regarder des nouvelles impossibles,
comme des nouvelles indubitables, si vous ne

m'aviez appris à ne m'étonner de rien de votre part.

Mais non, ce n'est plus de la surprise que j'éprouve, c'est un mélange d'humiliation et de ressentiment dont je ne suis plus maître. Je suis honteux, je suis offensé de me voir calomnier, à titre de colon, par un homme de mérite, devenu, grâce à ses préventions, une espèce de Poinsinet, et criant à l'Europe, du haut des tréteaux politiques où il se donne en scandale : *Je me crois responsable de mon silence dans la noble cause dont je me suis chargé.*

Qui êtes-vous donc pour vous croire plus estimable que moi, que la classe entière des colons ? Vous avez noirci, plus élégamment qu'eux, un peu de papier à la gloire de l'Afrique et de Christophe : est-ce donc sur des phrases que l'on juge les hommes ? est-ce par des phrases plus ou moins sonores qu'on acquiert le droit d'injurier et de mépriser ceux qui ne voient dans la philantropie, qu'une sensibilité stérile, froide et prétentieuse ? Quoi ! parce que j'aurai reçu de mes pères, à Saint-Domingue, un héritage que je voudrais transmettre à mes enfans, mon nom de colon, ce nom payé au prix de tant de maux depuis vingt-trois ans, servira de titre à vous et à votre coterie, pour m'injurier ? Mais de qui avez-vous donc reçu l'apostolat que vous exercez ainsi? de la philan-tropie, dites-vous? Ah ! ce n'est pas aux contemporains d'une révolution comme la nôtre qu'on en impose avec ce lange de rhéteur ! Anacharsis Cloots, qui avait, disait-il, *le cœur français et l'âme sans-culotte*, s'intitulait aussi l'orateur du genre humain, comme vous vous êtes fait l'orateur de trois parties du monde. L'Europe, il faut en convenir, n'a pas recueilli de grands avantages de son éloquence : où est donc aujourd'hui le but d'une mission semblable à la sienne ?

Vous n'avez pas des intentions plus pures sans doute, que tant de victimes tombées les unes sur les autres, sous les coups de leur fausse doctrine. Que prétendez-vous donc? n'auriez-vous pas réfléchi sur les conséquences de certains principes? Célébrer le gouvernement de Christophe, ne voir dans ces déplorables Saturnales que les progrès de l'esprit humain; reconnaître la puissance d'un soldat heureux comme légitime, n'est-ce pas justifier d'avance la révolte des provinces qui ne voudraient pas aujourd'hui reconnaître l'autorité du roi? Mais non, vous êtes de Genève; les Genevois aiment à faire parler d'eux, et vous avez pris les colons pour les victimes de votre célébrité. Tronchin, votre compatriote, n'était pas exempt de ce charlatanisme; Jean-Jacques l'a lui-même affiché; le peintre Liotard portait, à son exemple, un habit d'Arménien; Necker lui-même, dont j'honore les vues pures, le désintéressement et les sentimens élevés, ne fut peut-être qu'un charlatan, absous par sa conscience, des erreurs de la vanité.

Tenez, Monsieur, je connais une infinité de missionnaires d'un ordre semblable au vôtre, à quelques rites près. Se croyant comme vous responsables de leur silence, ils criaient il y a vingt ans avec fureur, *Égalité*, *Liberté*. Ils voulaient, disaient-ils, mourir pour ces deux nouvelles divinités, et envoyaient même à la mort tous ceux qui n'embrassaient pas la noble cause dont-ils s'étaient chargés. Je les vois aujourd'hui presque tous chevaliers, barons, comtes, ducs ou princes, et couverts de croix et de cordons, comme nos braves eux-mêmes. Hélas ! je me résigne et leur pardonne leur terrible méprise, si c'en est une; mais je me tiens désormais en garde contre les orateurs et les avocats chargés de ces vastes causes, qui, faute de mieux, sans doute, vont chercher des cliens en Afrique et à Haïti, pour les défendre à Paris ou à Genève.

Ne vous en prenez qu'à vous-même, Monsieur, si j'use ici sans ménagement du droit de représailles. Les colons, que vous traitez avec tant de mépris, seront cependant plus justes. Accusés par vous, de ne pas écrire avec l'élégance et la précision du comte de Limonade, ils s'en consoleront facilement, quoique l'accusation soit humiliante; mais puisque vous leur donnez un droit de vengeance, en leur reprochant de regarder les noirs comme au-dessous de leurs chevaux et de les traiter avec cruauté, voici comme ils en usent par mon organe :

Lorsqu'on s'imagine remuer l'univers avec une brochure; lorsqu'on se croit responsable à l'Europe de son silence; lorsqu'on soutient que l'Afrique est heureuse, civilisée, remplie de villes commerçantes et manufacturières, et que ses habitans, sans exception, sont libres; lorsqu'on décore du nom de roi législateur, un nègre illettré, placé par un funeste jeu du hasard sur un trône dont les étais sont des cadavres; lorsqu'on vante à titre d'écrivain et d'homme d'état, un cuistre frotté d'un peu de latin, qui appelle ingénument ses prétendus maîtres *des idoles;* lorsqu'on présente un almanach ridicule, comme un phénomène, et quelques lignes dérobées au programme d'une pension, comme supérieures à ce que pourraient écrire beaucoup de gouvernemens en Europe, il faut, au lieu de régenter l'univers, solliciter une place d'écran chez le grand Turc, se croire invisible et craindre les sbires de la police, parce qu'on s'est mis tout tremblant en face du prétendu major des gardes-françaises.

~~~~~~~~~~~~~~~~

Au moment où je termine cet écrit, les journaux anglais annoncent que Christophe a fait arrêter Médina. Selon ces journaux, ou plutôt selon Christophe dont ils sont les échos payés, un ministre de Louis XVIII aurait donné pour mission, à Médina, une révolte à fomenter, et cette mission serait constatée par des instructions écrites : à les en croire enfin, Pétion, prévenu à temps, a fait arrêter MM. Dauxion et Draweman.

Excepté l'arrestation de Médina, tout est faux, tout est absurde, tout est impossible dans de pareilles suppositions ; d'abord, M. Draweman est à Paris, et n'est conséquemment pas arrêté à Saint-Domingue. D'un autre côté, Pétion, qui n'a rien de barbare comme le *législateur* Christophe, sait très-bien que Louis XVIII n'envoie nulle part des commissaires insurrecteurs.

Qu'est-ce en effet que le droit des gens, qu'est-ce que la morale ? Qu'est-ce que la dignité de la couronne, pour Christophe ? de vains noms, des énigmes dont son cœur ni sa raison ne lui donneront jamais le mot. Pour les hommes de sa trempe, l'honneur, les convenances, la délicatesse, le respect
~~~~~~~~~~~~~~~~

pour soi-même , ne parlent qu'en chiffres dont ils n'ont pas la clef ; aussi a-t-il trouvé tout simple et tout naturel de faire du roi de France un monarque patroné sur son modèle , et de M. Malouet un sot perfide et niais comme le comte de Limonade. Pour combler la mesure de tant d'ineptie , il publie ingénument, aujourd'hui, que l'infortuné Médina (dont au surplus, depuis six mois, j'annonce la perte comme inévitable), portait soigneusement avec lui , comme un *palladium* sans doute, des instructions qui, dans tous les pays du monde, policés ou non , font légitimement fusiller les exécuteurs , et que par cela même ils ne portent jamais avec eux. Si Christophe n'était pas le plus stupide des barbares , essaierait-il donc de persuader à l'Europe , que M. Malouet a donné à Médina des instructions écrites pour fomenter une révolte, et que celui-ci s'est présenté aux portes du Cap avec de pareilles instructions dans ses poches ou dans sa valise ! Vit-on jamais une calomnie plus platement absurde ?

En vérité , il n'y a rien de si déraisonnable que certains admirateurs ! leur vie entière n'est guère autre chose qu'une longue mystification. Il faut en convenir ; le roi Christophe , son ministre, les agens qu'il solde , les nouvelles qu'ils imaginent , la politique haïtienne , et jusqu'aux panégiristes chargés d'une aussi noble cause ; tout est harmonie, tout est de la même force. C'est d'un gouvernement bien moins horrible que celui-là dont Machiavel disait : *ad ognuno puzza questo barbaro dominio :* il est tel en effet aux yeux de la raison , que des écrivains anglais eux-mêmes conseillent au leur de s'unir avec la France , pour anéantir ce foyer de barbarie.

IMPRIMERIE DE FAIN, RUE DE RACINE.